JN438246

몽산포 파시

시와문화의 시집 32

몽산포 파시

이영희 시집

시와문화

■시인의 말

음악이 내 마음의 뜰이라면
시는 먼 곳을 비춰주는 등대이다.
시를 돛대로 삼아
거친 풍랑을 헤쳐 왔다.
팽팽하게 펼쳐진 수평선을 향해
이제 이 시집을 양식 삼아
다시 가려고 한다.

2018년 가을
이영희

|차 례|

■시인의 말

제1부 야간 산행

한여름 밤의 콘서트 _ 12
들깨를 털며 _ 14
오십세주를 마시며 _ 16
한 노인이 걷고 있다 _ 18
가곡 저수지에서 _ 20
새로운 여인 _ 22
파도 _ 24
낙조(落照) _ 25
줄타기 _ 26
야간 산행 _ 28
복수초 _ 30
몽산포 파시 _ 32
어릿광대 _ 33
남망산의 봄 _ 34
석류 _ 36
달맞이꽃 _ 38

제2부 내 뜰은 비어 있다

산을 오르다-영광 규수산 산행 _ 40
내 뜰은 비어 있다 _ 42
사과꽃 향기 _ 44
꽃잎들을 보며-망해사에서 _ 46
아욱죽을 끓이며 _ 48
동백꽃망울 _ 49
환절기 _ 50
햇마늘 몇 통 _ 52
안부를 묻는다 _ 53
호도 _ 54
아지랑이 _ 55
대마도에서 _ 56
하얀 고무신의 연정 _ 58
하얗게 꽃 피웁니다 _ 59
아름다운 주름살 _ 60
어느 아버지의 꿈 _ 62

제3부 내 귀에 들리네

연분홍 꿈-칠순의 소녀 _ 64
백 사람의 아코디언 연주 _ 66
내 귀에 들리네 _ 67
상사화 _ 68
노란 금줄 _ 69
또, 다른 꿈을 꾸다 _ 70
개망초꽃 _ 72
목련 _ 73
비상을 꿈꾸다 _ 74
산마을 음악 학원 _ 76
저 열매들 _ 78
그 놈의 옷을 벗긴다 _ 80
통영을 찾아서-불을 지피다 _ 82
자작나무 숲에서 _ 84
황혼 부부 _ 86
꽃잎이 누워있다 _ 87
접목 _ 88

제4부 가야산 꽃샘바람

진축 저수지에서 _ 90
짐 벗으라 하네—개암사에서 _ 92
금산사 미륵전에서 _ 94
영국사 가는 길 _ 95
좀벌레 _ 96
외로운 등 _ 98
어머니—억새밭에서 _ 99
가야산 꽃샘바람 _ 100
가루실 저수지에서 _ 102
머위나물 _ 104
내게도 이런 사람이 있으면 좋겠다 _ 105
간이역 등불 _ 106
나는 지금 누구에게 기대어 살고 있는가 _ 108
잘못 들어선 길을 가며 _ 109
내비게이션 _ 110
한 알의 약에 삼켜진 _ 112
비타민 여자 _ 114

■해설

다양한 소재, 주관적 상념과 객관적 대상/ 이은봉 _ 115

제1부
야간 산행

한여름 밤의 콘서트

이번 공연을 준비하는 동안
벗길수록 켜가 더해가는
어둠과 대적하기 몇 날 몇 밤인가.

공연 날이 다가오는데도
단단한 앞섶 열지 않는 사람들
열었던 마음, 다시 여미는 사람들

순탄하지 않은 준비와
국지성 폭우로
더욱 무거워진 마음

검은 천처럼 내려와 있는 저 하늘
날카로운 칼끝으로 찢어 내거나
가볍게 들어 다른 곳으로 옮겨 놓고 싶다.

우천으로 그만 공연을 취소하니
내 몸은 물꼬 터진 둑처럼
갈팡질팡 길을 잃고 허둥거린다.

벚나무 위에서 목청껏 노래하던 매미가
한여름 공연을 위해
몇 년을 버린 뒤 화려하게 돌아왔노라고
맴맴, 하얗게 변한 머리 다독이고 있는데.

들깨를 털며

톡
 톡
  톡
   후 드 드 득

중중모리장단이 나온다.
다시 조금 빠르게 연주되는
자진모리장단의
차분하고 상쾌한 장단.
쏟아지는 박수 소리.

연주는 절정에 오르고
점점 가속이 붙은 팔
숨 가쁘게 몰아치는
휘모리 장단에
울울했던 마음이 풀린다.

잠시 쉼표를 지키며
바라본 들깻단
허물지고 벗겨진 잎과 줄기.

깻잎에 세 들어 살던
작은 벌레들이
허겁지겁 쏟아져 나온다.

들깨들이 수북이 쌓인다.

또다시 이어지는
느린 진양조 장단을 끝으로
연주는 끝난다.
손에 꽉 잡았던 열채를 놓고
웅크리고 앉아
앙상하게 뼈대만 남은
깻단을 바라보며 헛웃음 짓는
까닭 없는 슬픔의 어스름 저녁.

*중중모리 장단 : 자진모리보다 좀 느린 속도.
*자진모리 장단 : 휘모리보다 좀 느리고 중중모리보다 좀 빠른 속도(조금 빠르게).
*휘모리 장단 : 가장 급하게 휘몰아 연주하는 장단.

오십세주를 마시며

은은한 불빛 흐르는 곳에
불혹을 넘긴 여인들이 모였다.
언제부터인가 차를 마시기보다
술을 함께 하는 자리가 좋았다.
독한 소주는 강해 싫고
순한 백세주는 약해 싫다며
반반씩 섞은 오십세주를 마시기 시작했다.
불빛 때문인지 취기가 적당히 오른 탓인지
볼그레하게 상기된 모습들,
온종일 지친 일상을 털어내 버리듯
연실 방글거리는 목소리의 톤,
조금씩 올라가고 있었다.

사랑은 깊고
이상은 높게
젊음은 이대로

구호를 외치듯 소리치며
부딪히는 술잔의 울림.
문득 창밖에 내리는 봄비 속에서

파랗게 움트는 새싹을 보았다.

사람도 술처럼 적당히 버무리면
아름다워질 수 있을까.
뜨겁게 달아오르는 열정을
곰삭는 여유로 버무리고
자꾸만 치솟는 욕심을
넉넉한 나눔으로 버무리면
부드럽고 달콤하게 사랑을 만날 수 있을까.

한 노인이 걷고 있다

구부정 웅크리고 걷는 노인
힘겹게 땅만 보며 걷다가
허리 펴고 하늘을 한번 쳐다보고
다시 땅을 보고 걷다가
또 하늘을 보고 긴 한숨 토해낸다.

누구는 로또 복권이 당첨되자
이웃의 눈이 두려워
해외로 이민 간다고 소문을 내도
자기와는 아무런 상관이 없다는 듯
노인은 강변의 밭둑을 따라 걷고 있다.

대통령 탄핵으로 국회가 아수라장이 되자
탄핵 안을 철회하라고
촛불 시위와 침묵 농성도 하는데
그런 것들 아랑곳하지 않고
강물처럼 노인은 언제나 변함없이
침묵이 소리로 걷고 있다.

휘어진 노인의 허리에는

지난 세월이 묻혀 있다.
올해만이라도 편안하게 살 수 있다면….
긴 한숨을 내쉬면서
흐르는 강물처럼 노인은
절름거리며 땅 위를 걷고 있다.

가곡저수지에서

물안개 뿌옇게 피어오르는 저수지에는
침묵을 고집하는 음산한 냉기와
짝을 찾는 소쩍새의 울음소리가 머물고
물속에 던져진 낚시찌는 움직일 줄을 모른다.

어디서 날아왔는지 반짝이는 반딧불이
한 마리를 손 안에 가두고
나만을 위해 빛내주길 바란다
놓아줄까. 더 가지고 놀까.
갈등하다가 손을 활짝 펴주니
반딧불이 환하게 빛나며 날아간다.

아무런 기미가 보이지 않는 수면
잠결인 듯 꿈결인 듯 대답하는 공허한 소리
맛있는 떡밥으로 미끼를 던져도
물고기들 전혀 반응이 없다.

초승달도 먹구름 속에 숨어 있고
소쩍새 울음소리 연이어 울리는 밤.

화려한 형광 빛 낚시찌의 미끼도
반짝이는 반딧불조차 낚지 못하는 밤.

새로운 여인

오후 내내 또롱또롱 체르니를 따라잡던
고사리 손들 돌아간 자리
무거운 구름, 저녁 하늘 멀리 걸려 있다.

아이들이 남기고 간 수많은 후유증들
빗자루로 쓸어낸 뒤 거울 속 들여다보니
웬 낯선 여인 하나
물끄러미 그녀를 바라보고 있다.

세월의 강을 거슬러 가고 싶으냐?
물거품 같은 추억을 지워버리고
보톡스 주사 한 방으로
잘 다린 천처럼 구겨진 삶을 펴고 싶으냐?
측은한 듯 그녀 자신에게 되묻고 있다.

문득 브람스와 모차르트의 소나타 한 소절
떠오른다. 부쩍 자란 아이들의 키
떠오른다. 어깨를 으쓱하며 미소가 번진다.

이마에 새겨진 몇 가닥의 주름

시큰거리는 손가락뼈를 다독이며
그녀는 생각한다, 크게 여무는 아이들의 꿈을.

잠시 망각의 강을 건넌 것일까.
먹구름을 걷어내고 비치는 저녁놀 속으로
아이들이 남기고 간 피아노 선율
파스텔 그림처럼 번지는 것을 본다.

빙그레 미소 짓고 돌아서는 그녀
거울 속 여인을 멀리 떠나보내고는
피아노 앞에 다시 새로운 여인으로 앉는다.

파도

그대는 하얗게
부서지도록 몸부림치는
그리움의 꽃.

할퀴고 벗겨내며
맹수처럼
포악을 떨기도 하는 그대.

지금은 어느 누구도
달랠 수 없는
비련으로 몸부림친다.

그런 뒤에는
제풀에 지쳐
구슬픈 울음 우는 그대.

낙조(落照)

온몸을 내쏟으며
타오르는 불꽃
온 정열을 바쳐 사랑했건만

지금은 또다시
무거운 어둠 속으로
묻혀야 할 시간.

그대 하늘 한복판
까만 점이 되어
알알이 멍울져 흐를 때

떠나는 걸음걸음마다
오늘도 잦아드는 기다림으로
서러운 마음 달래본다.

줄타기

어느 누구의 손길도 허락하지 않는
아침의 무구한 은빛 햇살,
파르르 떠는 잎새 위에서
또르륵 그네를 탄다.

그 누구의 손도 빌리지 않고
단 하나뿐인 금빛 목숨을
마른 나뭇가지 위에 건 채
올라앉은 저 어릿광대를 본 적이 있는가.

오직 재미만을 자아내면 그만인
관객들의 식은땀을 즐기면서
갸르릉갸르릉 웃고 있는
그는 얼마나 당당한가

심술궂은 한 줄기 바람에도
은빛 구슬 쏟아낼 듯 휘청거리다가도
언제 그랬느냐는 듯 다시 일어서서
너욱 밝은 하늘을 담아내는 은빛 햇살.

관객들이 가볍게 흔들어대는
손짓 하나에도 여지없이 나락을 디뎌
지옥문을 두드리는 줄광대의
꼭 여민 옷자락 안 들여다보고 있는가.

바람 따라 휘청댈 때마다
등이 휘는 줄도 모르고
갸르륵 갸르륵 웃어대는
저 어릿광대의 슬픈 얼굴 본 적이 있는가.

야간 산행

누구도 침범할 수 없는 공간 속
돌부리에 채이고
나뭇가지에 걸려 쓰러질 듯해도
멈출 수 없는 산길을 오른다.

황조롱이의 조잘거림이 잠든 지 오래
고요한 적막도 무거운 한 짐이지만
등에 매달려 있는 배낭,
전혀 무게를 느끼지 못한다.

한밤의 산행은 나 자신 속에 갇혀 있는
도심 속의 기억들을 걸러내는 일.
작은 랜턴에서 쏟아져 나오는 빛을 따라
흐린 초승달과 함께 무거운 침묵으로 걷는다.

빠른 호흡과 잦은 기침 소리에 놀라
바스락대는 숲속의 소란이
나를 더욱 긴장하게 한다.

야간 산행 끝, 산장에서 나누어주는

얇은 모포 한 장, 바닥의 냉기 막지 못하고
산장까지 따라온 지난날들이
차가운 몸 더욱 떨게 한다.

밤 내 언 몸을 뒤척이며
작은 창틈으로 스며든
초롱한 별들의 자장가를 들으며
나머지 여정을 잠재운다.

복수초

하루도 쉬지 않고 밭에 심은
푸성귀 건사하여
밀차 한 가득 야채 펼쳐 놓고
매일시장 한 귀퉁이에
붙박이장처럼 붙어 팔던 여자
맑은 하늘의 우레 소리에 정신줄 놓고
가벼운 몸 일으키지 못하고 쓰러졌는가
50년간 거스름돈 한번 틀린 적이 없었고
처음 만난 사람도 정겨운 웃음으로
반겨주던 여자
힘들게 쌓아놓은 기억의 창고를
지우개로 지워냈는지
해맑게 웃고 있다
일개미 같은 시간을 보낸 세월 속에
분도기처럼 굽어진 허리
언뜻 스치는 기억으로
작은 보따리 챙겨들고 나서보지만
풀어진 근육은 일어설 줄 모른다
지금도 시장 한 귀퉁이의 기억 속에서
머물고 있는 것일까

작은아이가 들려주는 아름다운
선율 따라 행복한 꿈을 꾸고 있는 듯
이른 봄 눈 속에서
배시시 웃고 있는 저 복수초.

몽산포 파시

노을이 나무에서 떨어지는 능소화처럼
수평선 너머로 떨어지고 있다.
점점 어두워져가는 흑백영화의 한 장면처럼
여자는 몽산포 방파제 위에
거북이처럼 웅크린 채 앉아 있다.
두루마리 휴지를 온몸에 휘감은 듯
두터운 목도리 사이에 얼굴을 감추고
여자는 구부린 무릎 앞 양푼 속
팔다 남은 굴에서 눈을 떼지 못한다.
불어오는 꽃샘바람에 떨고 있는 그녀.
저쪽 모래톱이 몰아치는 꽃샘바람
힘겹게 잘라 보지만
봄이 오는 길의 가슴앓이는 막을 길 없다.
태안 앞바다를 뒤덮던 바다 오염 소식
까마득하게 잊었는지
꽃샘바람 앞에 딱딱하게 웅크리고 있는
여자의 등 펴줄 생각 없이 저무는 몽산포 파시
노을을 지고 일어서는 여자와 함께
한 폭의 그림 이루고 싶어
나는 서해를 삼킨 굴 바구니 떨이째 사든다.

어릿광대

산다는 건 공중에서
줄타기를 하는 일이다
한 발 두 발
조심스럽게
바르게 옮겨놓는 일이다
사람을 만날 때마다
바뀌어야 하는 줄이 있다는 것을
이제야 알았다
튼튼한 줄을 골라서
오르기 위해 줄을 서는 사람들
꿈틀대는 욕망은 어디까지인가
언젠가 내려와야 하는 길
내리막길은 고속전철이라는 것을
오르는 사람들은 모르는가
쉼 없이 낚아채고 뒤흔드는 줄
옮겨 타기 위해 줄 서는 사람들
아슬아슬 줄을 탄다

남망산의 봄

남쪽에는 봄이 일찍 온다기에
성급하게 준비도 없이 떠난 산행,
개나리는 노란 바람 살랑대고
진달래는 연분홍 소맷자락 흔든다.
갓 시집온 색시 같은 춘란이며
흰제비꽃, 복분자꽃, 작은별꽃…,
야생화들 몰려나와 축제를 벌인다.
등불처럼 빨간 동백꽃들 피어
길 열어주는 남망산 산길
일출을 볼 수 있는 애기 밴 바위를 오르며
문득 신혼여행 때를 생각한다.
시골집으로 신혼여행을 온 우리
큰 시댁 가족들과 함께 첫날밤을 보냈지.
흔들리는 문풍지처럼 밤새 떨다가
감기로 열꽃을 피우고 만 그날
큰 시댁 식구들 몰래 군고구마 먹고
목마르다고 마신 막걸리 한 잔에 취해
진달래꽃처럼 붉게 물들어 울었지.
저기 병풍바위 쪽 동백숲속에서
수백 개의 꼬마전구들 불빛 반짝인다.

가까운 땅속에서는 포근포근 소리 들려오고
먼 바다에서는 찰랑찰랑 소리 들려온다.
겨울 내내 닫아두었던 창문 조금씩 열리는데
봄바람을 담기 위한 이번 여정,
큰숨 쉴 수 없을 정도로 멀미하고 있다.

*남망산: 전라남도 진도접도에 있는 산

석류

마음을 파고드는 가을비에도 젖지 않는
네 옷은 몇 벌이나 될까.
얇은 겉옷을 한 꺼풀 벗기면
새콤한 맛이 나를 사로잡더니
새콤한 맛 한 꺼풀 더 벗기니
아침 까치의 혀에도 닿지 않는
달디단 유혹에 온몸을 맡기지 않고서는
끝내 견딜 수 없구나.
뿌리를 찾아 한 꺼풀 더 벗기니
더 크게 흔드는 유혹 대신
단단하게 혀를 깨무는 씨앗이 막아선다.

입가에 볼우물을 가진 여자를 안다.
사랑을 갈망하는 사람들에게는
어두운 그늘을 거두어 따스한 마음을 건네주고
한 꺼풀 벗기면 단단한 창을 두어
자신을 먼저 담금질하는 여자….
폭염이 쏟아지는 여름날
버거운 웃옷 한 꺼풀 벗기듯 껍질 벗기며
그녀의 모습 더 깊게 들여다본다.

백번 더 따스한 식빵 같은 맘 내놓다가도
사랑을 나누지 않는 사람 앞에서는
단절의 비수를 꺼내드는 여자,
스스로 하나씩 새콤한 맛을 벗기는 여자.

달맞이꽃

흰 구름 뭉실뭉실
피어오르는 것을 보면
어느새 피어오르는
샛노란 그리움 하나

아시나요? 만취한 등불 아래
가만히 서 보면
나도 따라 흔들리는 것을

까만 어둠 타고 오르면
환한 미소를 보이다가
동트는 아침이면
제 모습 감추는 달맞이꽃

아시나요? 눈 시리도록
파란 하늘 아래 썰물 되어 흐르는
샛노란 기다림 하나.

제2부

내 뜰은 비어 있다

산을 오르다

-영광 규수산 산행

푸나무들이 내 키 높이만큼 자라 있다.
산허리를 졸라맨 허리띠 같은 길을 걷는다.
꼿꼿하게 하늘 향해 목을 세운 산등성이는
지나간 날의 내 가파른 삶과 많이 닮아 있다.
한눈 팔지 않고 목적지를 향해 오르니 옥녀봉
이곳은 도착 지점이 아니라며
서둘러 앞서 가버리는 사람들.
앞사람의 뒤꿈치만 바라보며 다시 걷는다.
내리막길, 바닥에 닿으면 다시 오르막길,
느닷없는 오한처럼 몸서리를 치는 길.
따라잡았는가 하면 사라지는 앞사람들.
가파른 경사와 나긋나긋한 한 몸이 되어
톱니처럼 맞물려서 가고 싶은 마음
산의 겨드랑이에 피어 있는 참나리 꽃
꼿꼿한 내 마음, 연한 순두부처럼 풀어준다.
상여재를 넘어 규수산 정상에 닿으니
붉그레한 웃음으로 반기는 패랭이꽃.
몇 해만의 산행인가. 고행으로 고갈된 체력,
더 이상 무리하지 말라며 몸이 켜는 빨간불 따라

바위에 달라붙어 있는 귀하신 몸, 부처손도 버리고
푸르른 풀로 가려진 길 헤치며 하산한다.
서씨 제당 고택 툇마루에 앉아 땀을 식히며 올려다본 산
저 뱀 같은 산길, 징그럽게 그리워질 것 같다.

내 뜰은 비어 있다

희뿌연 새벽을 뒷발로 박차며
미명의 아침이 밝아온다.
지난 밤 내내 꿈으로 뒤숭숭하던
온갖 꼬리들 떼어놓기 위해
집을 나와 빠르게 달리기 시작한다.

따스한 햇살 따라
내 뜰로 쏟아져 들어오는 아이들의
고사리 같은 손등에는
아이스크림이 녹아 만든 얼룩 그림이 있고
귀까지 찢어지는 입가에는
녀석들 함박웃음이 걸려 있다.

브람스와 모차르트의 높고 낮은 선율들
너무 아름다워 귀 멀게 한다.
아이들의 된소리, 여린 소리
시소 타고, 파도 타고, 줄넘기 하다가
뎅, 뎅 시계추 소리에 놀라 달아나버린다.

또 다시 침묵하는 내 뜰에는

나만 남겨두고 달아난 아이들
숨결과 그림자 가득 남아 있다
그것들 그리워하며 고즈넉한 기다림을 갖는다.

사과꽃 향기

옛 친구의 집 앞에 서면
언덕 넘어 사과꽃 향기
가슴으로 낮게 들어와
익모초 같은 쓴 물을 삼키게 한다.

지난 해 가을 판로가 막혀
빚만 산더미같이 쌓아 놓은 채
밤으로 종적을 감춘
내 친구의 농장에서 돈 대신 가져온
사과 몇 알….

IMF의 멋진 손짓 한방에
주렁주렁 가지가 버겁던 사과들
단번에 바닥에 떨어져버린 것이다.
저녁 해를 지고 일어서는 등이 모자라게
사과 농사가 대풍이더니
온통 피울음을 쏟던 내 친구

은행의 독촉장, 차압 등
더 이상 막을 길 없어

밤으로 달아난 친구의 자리가 아프다.
누구는 발붙이지 못하도록 수배 낙인을 찍고
누구는 주홍글씨를 새기고 있지만

사과 향기 악취로 퍼져도
내 가슴에 배인 사람의 향기
그리움 꾹꾹 눌러놓는다.
사과꽃 향기 모으느라 바쁜
벌 나비들 보면 더욱 생각나는 친구

돌아오지 않는 사람의 향기를 찾아
친구의 빈 집에 서 본다.
봄 앓이 하는 사과나무가 되어
오늘도 진종일 움직이지 못한다.

꽃잎들을 보며

—망해사에서

스님이 두드리는 청량한 목탁 소리에
바닷속 치어 떼들
귀 쫑긋하며, 교태 부리며 튀어 오른다.

망해사 한 구석 쏟아져 내리는 꽃잎들
무엇이 되고 싶다는 생각 버리고
내가 누구라는 생각조차 다 버리라고
마음속 깊이 들어와 짙게 물들인다.

앞마당에 서 있는 느티나무
시름 사연 가득 품고는
한 철의 고뇌 푸르른 잎사귀로 씻어낸다.

만경에서 들어오는 강물과 교류하는 서해바다
부딪히는 갈등 속에서 겹겹이 쌓여
끝없이 퇴적층 만들고 있다.

너와 나의 거리 때문인가.
쌓여가는 갯벌만큼 쌓여가는 정 때문인가.

입관(入棺)

곱다, 조용히 잠들어 있는 언니.
순간 이동을 한 것인가.
다른 세계로 영혼의 나들이를 한 것인가,
깨어나라고 흔들고 소리쳐 불러도
한 번 나선 나들이 길,
끝내 돌아오지 못하는 언니.

갈아입은 새 옷 소매 끝에 드러나 있는
뽀얀 손등에는 검버섯이 피어 있다.
열 개의 손톱에 칠한 분홍색 꽃잎들
엄지발톱에 물들인 붉은 빛 꽃잎들이
반짝이고 있다. 깨끗하게 온몸 씻어 드리고
우아하게 빗질을 해 드려도
한번 잠에 빠진 언니, 미동조차 없다.

지상에서 시작해 마지막 옷 한 벌…
속옷부터 차례차례, 드디어 꽃신까지
고운 얼굴 빛나던 손톱 붉은 발톱까지
두 손과 함께 저물고 있다. 무슨 죄인가.
이승에서 시작된 언니의 저승길
여전히 바람이 불고 눈물이 고인다.

아욱죽을 끓이며

다시마와 멸치, 표고버섯을 넣고 끓이다가
된장을 넣고 끓인다. 불린 쌀과
아욱도 넣고 대파도 송송 썰어 넣고 끓인다.
알싸한 아욱죽 냄새, 어릴 적 밥상을 떠올린다.
김이 모락모락 오르는 커다란 양푼 옆에
언니 오빠들 모여 아욱죽을 먹기도 전에
옹기종기 함박웃음을 터뜨리던 그날을 떠올린다.
노란 양푼 가득 하던 아욱죽을
밑바닥이 보일 때까지 더 많이 먹으려고
서두르던 손길이 보인다. 슬며시
가슴으로 밀고 들어오는 어머니의 구슬 맺힌 얼굴
몇 달 전 세상을 떠난 오빠의 얼굴이 보인다.
중환자 병실에서 물 한 모금조차 넘기지 못하고
물수건만 빨고 있던 오빠 곁에서
아무것도 해주지 못하고 동동거리던 마음이라니
그렇게 끝난 마지막 이별이라니
오빠의 장례식 날, 외로움인지 서글픔이인지
먹고 먹어도 채워지지 않는 허기로
너 큰 슬픔 밀려오던 기억으로
서둘러 이승을 떠난 오빠를 생각하며
눈물의 아욱죽을 끓인다.

동백꽃망울

동백 꽃망울이 살그머니 실눈을 뜨는 시간
내리는 비가 봄이 오는 길을 열고 있다.

마음을 휘감고 있던 동장군
꼬리 내리고 멋쩍은 듯 떠나겠구나.
어쩌면 그리움이 싹틀지도 몰라,
차라리 그때가 좋았다고.

다잡은 마음 풀어지면 조이기 힘들 텐데
봄 햇살 맛들이면 허욕의 싹 틀 텐데

뿌연 안개 속으로 봄비가 내린다.
얼었던 땅 밑에서 물소리 들리는 듯하고
어디선가 꽃망울 터지는 소리
아직은 때가 아니라고 귀 막는다.

환절기

비듬나무 위에서 서럽게 울어대던 매미
훤히 비치는 허물 한 겹 남긴 채
찬바람에게 목소리 내주고 떠나버린다.

은행나무는 수은주 한 뼘 내려갈수록
빈 몸으로 서야 봄 기약할 수 있다고
가을 내내 갈무리해온 열매들
낯모르는 길손에게 퍼주고 있다.

모두들 여름날의 성악가가
값싸고 슬프게 생을 버린 줄 알지만
이렇게 저를 몇 년 동안 버린 뒤에야
한여름을 노래할 수 있다는 것을 아는가.

건반을 두드리던 아이들
가을바람처럼 휑하게 빠져나가고
빈자리만 키를 나란히 앉은 오후

무엇을 더 버려야
맑은 피아노 소리 되찾을 수 있을까

소리들, 어제의 나를 버리라고
내 금 간 마음을 저릿하게 울린다.

햇마늘 몇 통

허리 통증으로 밤을 낮같이 밝힌
혼자 사는 외나리 이씨 댁 종부
7월 땡볕 등에 지고 길 나선다.

새우등처럼 굽어 있는 허리 위
개망초 꽃향기 가득 얹고
물푸레 지팡이 하나에 매달려 걷는다.

객지로 떠난 자식들 그리운 손
따스하게 잡아주는 먼 길 시골 보건진료소
정 많은 젊은 여의사에게
고마운 마음도 함께 싸가지고 간다.

한 손 안에 꼭 쥘 수 있을 만큼
비닐봉지에 담은 햇마늘 몇 통
마음을 가득 담은 값이 얼마나 될까.

안부를 묻는다

찬 이슬에 떠밀려 잠을 깨어보니
밤내 눈물 흘린 만큼
내 눈이 올빼미 눈을 닮아 있다.

바닷속에 갇혀 있는
그 사람들 보일 것 같아
자꾸만 비벼댄 탓일까.

살아온 만큼 닳은 관절에서
엇박자소리 자주 들리고
몇 겹으로 층을 이룬 주름진 시간
어두운 바다에서 출렁거린다.

안부를 묻는 사람에게
눈병이 났다고 하자
더러는 느낌표와 쉼표도
찍으며 살아가라 한다.

바다 속에 갇혀 있는 사람들
파도 속 노을을 지고 나와
나를 새롭게 깨어 있게 한다.

호도

햇빛 창창하던 시절에는
하늘 끝에 이른들 어떠하리.

여름내 모진 세월의 흔적처럼
늘어나는 주름,
더 이상은 내줄 것 없다고
마음 닫고 방어벽 쌓는다.

상처 자욱 따위 남기지 않기 위해
시간이 흐를수록 단단해지는 벽
그 벽을 내리쳐 부수어야 한다.

그래야 두텁고 굵은 주름 사이
골 이루며 숨어 있는
진실한 너의 모습 만날 수 있다.

아지랑이

잊어버리자고, 잊어버리자고
오솔길 걷던 날
곰살맞은 애기 솔방울
정겹게 도란도란.

잊어버리자고, 잊어버리자고
층층계단 밟고 또 밟고
추억까지 밟아도

오리나무 뾰족이 입 내밀고
진달래 살포시 피어나고
산동백 천천히 뽐내는 날

잊어버리자고, 잊어버리자고
오솔길 걷던 날,
휘몰아치는 옛날 저편
아물아물 아지랑이.

대마도에서

덕혜옹주의 아픈 삶이 배어 있는
대마도를 찾았다.

시라다케 산 정상에 올라
하늘로 높게 기지개를 켜는
우람한 삼나무의 행렬을 만났다.
티 없이 맑은 히노키 향은
여기가 가깝고도 먼 나라라는 사실을
어느새 까맣게 잊게 한다.

에보시다케 전망대에서 바라본
리아스식 해안의 아소만 정경과 하농베이
눈을 뗄 수 없게 하고
감탄사를 쏟아내게 한다.

일본의 건국신화를 간직한 와타즈미 신사와
밀물과 썰물 때 서로 다른 풍경을 만든다는
아소만의 도리이도 보았다.

삼나무 향기가 자아내는 이국 정취

와락 단단하게 껴오는 팔짱에서 벗어나
산 정상에 오르니 부산항이 손에 잡힐 듯 보인다.

문득 팔려온 옹주의 가슴 아픈 드라마를 실은 채
부산으로 가는 바람 차갑게 귀를 씻는다.

맑은 바람과 푸른 하늘 아래에서
내 나라가 그리워 맑은 공기 하나도
삼키지 못했다는 덕혜옹주
거부할 수 없던
대마도주와의 결혼 기념이 남긴
화려한 봉축비만 빛나는 이곳 대마도

고향 땅 눈앞에 두고도 수많은 별을 헤며
고국으로 돌아오는 푸른 바다를 건너지 못한
그녀의 헝클어진 마음 어루만져져 발길 뗄 수 없다.

하얀 고무신의 연정

밤늦은 시간 안동 김씨 종택 양소당
대문 안으로 들어섰더니
하얀 고무신을 신고
댓돌 위에 서 있는 아버지가 보였다.

우체국에 다니셨던 아버지는
휴일이면 막걸리 한 잔으로 목을 축이고는
흰 발에 하얀 고무신을 신고
닭장 청소와 집 안팎의 틈새 메꾸며
집 마당에 종종 발자국 도장을 찍었다.

양소당의 밤은 백합향기
스며들어와 마음 어지럽게 했다.
활연화 백일홍 분꽃 등 꽃 잔치가 열렸고
아버지가 만든 꽃밭 틈처럼
넓고 따스하고 푸근한 밤이 찾아왔다.

하얗게 꽃 피웁니다

연록의 새싹이
하늘을 우러러 기지개를 켜고
두근대는 설렘이
땅 위를 진동시킵니다.
싱그러운 줄기가
선율에 맞추어 춤을 춥니다.

흐릿한 하늘을 바라보는
슬픈 눈빛에 얼룩이 지던
지난 가을이었습니다.
찬바람 불기 시작하더니
하나둘 몸을 뒤틀며
모두 떠나버렸습니다.

변함없이 지키고 서 있던
고목나무가 하얗게 꽃 피웁니다.
태초로 돌아가기 위해
이제야 하얀 꽃을
온 세상에 피우기 시작한 것입니다.

아름다운 주름살

어린 시절 아코디언을 연주하는
동동구르므 장수를 보며
꿈을 꾼 할아버지
얼굴 마주할 때마다
아코디언의 주름을 생각해요,
할아버지의 표정 따라 움직이던
아코디언의 주름을

성급한 들숨과 날숨에
지나온 추억이 배어나오는 소리
애절하고, 씩씩하기도 해
할아버지는 무던히도 애간장을 태웠다지요.

마음은 타향살이, 찔레꽃이
붉게 피어날 것 같은데
흔들리는 주름 속에 펼쳐지는 소리
힘겨운 숨처럼 허덕거렸다지요.

할아버지의 고운 주름살을 볼 때마다
힘겨운 시간을 보낸 뒤에

아름다운 주름에서 흘러나오는
아코디언의 진하고 애절한 소리를 생각해요.

어느 아버지의 꿈

햇살 창창한 음악실
음표들 사이로
어릴 적 꿈이 묻어난다.
장날이면 들려오던 악사의 노랫가락
쪼르르 달려가
연주가 끝날 때까지
자리를 뜨지 못하던 날
악사의 꿈이 담겨 있다.
읍내 악기점 유리창 건너에 놓여 있는
흑단 빛 아코디언에 머물던 눈빛
밀린 기성회비 때문에
엄두도 내지 못하던 꿈
다시 꺼내 펼친다.
마음은 고수의 소리를 탐하지만
아직은 꽃샘추위 속에 머문 파열음
길게 펼쳐진 악보처럼
아직은 걸어갈 길
넓고 크게 열려 있어
아침 눈만 뜨면
아코디언 건반을 만진다.

제3부

내 귀에 들리네

연분홍 꿈

–칠순의 소녀

높은 곳을 향해 조금씩 발돋움하며
언젠가는 닿을 수 있다는 꿈으로
그녀는 아코디언의 바람통을 열고 닫는다.

실낱같은 작은 불빛 하나
잡히지 않는 막막한 시간
어릴 적 꿈이었던 피아노를 대신해
그녀는 아코디언을 가슴에 끌어안는다.

마음은 실로암을 부르는데
쉽게 움직여주지 않는 손….

아코디언을 품는 날이 많아질수록
앞산에서는 뻐꾸기가 날고
울 밑에서는 봉선화가 피고
놀라운 은혜의 선율이 흥겹게 흐른다.

몇 번의 대수술 따위로는
그녀의 오랜 꿈 막을 수 없다.

언젠가는 찬란한 교회 성가대에 앉아
하느님을 찬송하리라,
높고 깊은 꿈을 펼치는
하얀 서리꽃의 연분홍 꿈.

백 사람의 아코디언 연주

아코디언을 사랑하는 백 사람이 모여
한 호흡으로 아코디언을 연주한다.

자신의 예술 세계가 뚜렷한 음악가처럼
의복은 걸림돌이 아니라면서
같은 노래를 다르게 표현하는
아직은 조금쯤 서툰 음악가들.

최소 9세부터 최고 89세까지
아코디언 합주를 위해
같은 것이 전혀 없는
백 사람들이 모여 함께 연주한다.

굵어진 손가락으로 보이지 않는 음을 찾아
인고의 긴 시간을 보낸 뒤
지휘자의 손동작에 맞춰
서로 양보하고 귀 기울이며 화음을 만든다.

지치고 고되던 시간을 흘려 보낸 뒤
화려한 감동의 물결, 무대 위에서 연주한다.
관객들 뜨겁게 열광하는 100인의 콘서트.

내 귀에 들리네

저것 좀 봐. 저 샛노란 개나리
꽃 더미, 내게 소곤거리네.
너무 오래 저를 잊고 산다고
자꾸만 투덜거리는 소리, 내 귀에 들리네.

아직도 어둑한 방안에서 시간을 보내며
아코디언이나 가슴에 껴안고 있다고.

봄 햇살이 제게 살갑게
손짓하는 줄도 모른다고 소곤거리네.

등에 돌담 하나 지고 있는 내게
몸에 굵은 띠 하나 매고 있는 내게
소릿길, 둥근 열매나 달고 있는 내게
저 개나리꽃 자꾸 손짓하네.

돌담 밖에서는 수선화까지 피어
아코디언에 빠져 있는 나를 비웃네.
저것 좀 봐. 저 개나리꽃 더미 좀
주둥이 삐죽거리며 나를 비웃고 있네.

상사화

도도하고 오만하기만 하다
온몸을 곧추세우고
하늘만 바라보는 저 상사화.

단 한번 만난 적 없어도
기약할 수 없는 기다림
뼛속까지 차오르는 오기로 변해
꼿꼿이 설 수밖에 없는 저 상상화.

속눈썹을 길게 펴 올리고
붉고 화려한 족두리를 쓰고
살폿한 눈짓을 보내도
펴 올린 속눈썹 움직이지 않는다.

긴 여름 뜨거운 태양 앞에서도
휘몰아치는 비바람 속에서도
아무런 상관없다는 듯
흔들림 없이 기다리고 있는 저 상상화.

노란 금줄

소한이 지난 뒤 내리는 겨울비
이상 기온이다. 안개가 쌓여
보이지 않는 길.
가늠할 수 없는 이정표.
백색 실선조차 분간할 수 없다.

대충 읽어 내리는 시 구절처럼
보이지 않는 줄들
겨우겨우 따라가니
어느 틈에 백색 실선까지 흔들린다.

얼마만큼 시간이 지났을까.
안개 자욱한 길을 걷다가
자꾸만 흔들리는 나를 발견한다.

더 이상 침범할 수 없는 자리
안간힘을 쓰며 달려온 길 위로
어느덧 안개가 걷힌 길 위에
노란 금줄 중앙선이 뚜렷이 나타난다.

또, 다른 꿈을 꾸다

커다란 노랫소리로 동네 어귀를
흔들어 놓던 어린 시절
새 학기에 음악책을 받으면
마지막장까지 음표를 쏟아내고서야
마침표를 찍곤 했다.

스피커에서 흘러나오는 유행가를 따라
흥얼거리면 뒤따르던
아버지의 큰 호통 소리에
가고픈 내 길과 상관없이
피아노를 치며 꿈을 잊고 살아왔다

온갖 음을 피아노로 풀어내던
지난 시절의 삶

이제는 온갖 노래로 꿈을 꾼다.
누룩처럼 눌려왔던 몸속의 노래가
삐뚤대는 이빨 사이를 비집고
싫은 소리와 가벼운 비음으로 터져
길을 찾아 흘러나온다.

기나긴 갈등과 고뇌의 길 위
황혼이 두렵지 않은 돛을 띄운다.
연하디 연한 이파리를
시퍼렇게 담금질해 무쇠 잎을 만든다.

개망초꽃

하얀 달빛 쏟아지는 날
빈집에 남아 있는 밤나무 한 그루

바람난 개망초꽃에 반해
쉼 없이 정액을 쏟아낸다.

서방 뒷자리를 찾아왔다가
밤 내 쏟아내는 밤꽃 향기에 취해

발걸음 떼지 못하는
목리 이씨 댁 종부
하얗게 헛구역질하는 개망초꽃.

목련

오실 때가 되었는데
아니 오시네요.
예년에는 소리 없이 다녀가시더니
오신다는 날이 지났는데
아니 오시네요.

봄 햇살이 아직 차가워
눈길조차 주지 않으시는 건가요.

토독토독 빗방울이 문 두드리자
수줍은 듯 겨우 봉오리 내밀며
앞뜰에 내려앉으시는 당신.

비상을 꿈꾸다

1.

날개를 펴고 허공을 난다는 것은
홀로 외로운 것이 아니다.

보아라. 새털구름 발아래 두고
하늘을 가르고 있다.

두려움 따위는 어디에도 없다.

더 높이 비상하기 위해
지금은 구름 위를 날고 있다

흐르는 시간을 움켜쥐고
아직도 나는 비상을 꿈꾸고 있다.

2.

나이가 낳아노
오래된 꿈, 접을 수 없다.

그냥 머물 수 없다.

앞으로 나아갈수록
더욱 갈증이 나는 꿈.

산마을 음악 학원

굴참나무 숲에서 울던 매미도
지쳐 잠든 오후
문틈에서 맑은 물소리로 쏟아내는
피아노 소리 파랗다.

시골 보건진료소 여기 이층 방
방과 후 수업시간 끝내고
논둑길 지나 고추밭 사이
지름길로 달려온 아이들이 있다.

평수 좁은 보건진료소 이층 방
오롱오롱 바람처럼 날아온
또로롱 띵동 땡동 음표들이 나뒹군다.

비가 오면 층층계단 아래
낮은 물통부터
높은 양푼까지 늘어서 있는 곳.

빚 백 만원 늘여 지붕에 덧칠을 해도
막을 수 없는 물길,

틈만 나면 스며들어
톡, 톡, 또르륵 스타카토, 레가토
음표들이 떠 있고는 한다.

하루하루 미루나무처럼 솟아오르는
아이들이 모여 있는 곳,
산마을 작은 음악 학원
깨어 있는 곳은 지금 여기뿐이다.

저 열매들

바람 한 자락 날아와
나뭇가지를 흔들자
씨앗들 어디론가 떠나가네.

6월 땡볕 따가운데
상처 난 대지 패인 자리마다
씨앗들 흩어져 누워 있네.

바람 지나간 자리마다
씨앗들 떠나고 없는
텅 빈 껍질의 흙빛 열매들이라니.

철봉대에 매달려 있다가
툭툭 떨어지는 아이들 같네.

흔들리는 가지마다
후드득 풀 속으로 하강하는
텅 빈 껍질의 저 열매들.

여기저기 보물찾기하듯

풀숲을 헤집고 있는
목이 긴 저 아이들도
언젠가 텅 빈 껍질의 열매로 남겠네.

그 놈의 옷을 벗긴다

처음에는 맨손으로 접근한다.
이놈의 단단한 앞섶
좀처럼 열지 않는다.

벗길수록 켜를 더해가는
어둠과 맞서며
그놈의 옷을 벗기기 시작한다.

벗길수록 딱딱해지는 갑옷
기어코 예리한 칼을 들이댄다.

결코 만만치 않은 상대다
완강하게 거부하는 그놈.

잘 갈린 칼을 들이대는데도
이내 내 손에 물집이 잡힌다.

눈썹에 매달린 졸음이
너무 무거워지기 전에
미지근한 탕 속으로 밀어 넣는다.

완강하게 거부하던 녀석
이내 아랫도리부터 부드러워진다.

부끄러운 줄 모르고
내 손에 몸을 맡긴다.
뽀얀 속살 드러내는 하얀 밤톨

통영을 찾아서

–불을 지피다

예술인들의 고향인 통영 문학답사 여행길
망일봉 기슭 청마문학관에서였다.
영원한 세계의 동경과
도달할 수 없는 슬픔을 담은 시를 쓴
유치환 시인을 만났다.
아기자기한 해안 산책로를 돌아본 뒤
한산대첩 공원에서는
위엄 서린 이순신을 보았다.
골목을 돌아 나타난 강구안 언덕의
온갖 벽화로 장식된
야외미술관 '동피랑' 마을에서는
금방 떨어져 내린 듯한
동백꽃잎에서 향기가 날아다녔다.
하얀 날개 벽화 앞에 서서 잠깐 동안
하늘로 날고자 날개를 달아보았지만
잠시 그 자리에 매달려 있었을 뿐이었다.
길을 걷다가 우연히 마주치게 된
꽃의 시인 김춘수 전시관에서는
그의 시 「꽃」부터 소리 내어 낭독했다.

그 누가 불러주었기에 갈비뼈의 골절도 잊고
몸을 제대로 가누지 못하는 아픔도 잊고
나는 이곳에 서 있는 것인가.
마음 깊이 이런 질문 되새기다가
또 다시 창작의 불길을 활활 지폈다.

자작나무 숲에서

한 발짝씩 딛을 때마다
흰 눈이 신호음을 보낸다
톡톡 뽀드득
타닥타닥 뽀드득
땅속과 무전을 치고 있다.

바쁜 일로 엉키어버린
머리를 풀어보려고
찾아온 자작나무 숲
나뭇가지 끝의 겨울 하늘이
눈부시게 파랗다.

추운 겨울인데도 꼿꼿한 허리
굽힐 줄 모르고
순백의 기지를 지키며
하늘을 찌를 듯
곧게 서있는 자작나무.

누구와도 어떤 불의와도
타협하지 않고 올곧게 살겠다며

추운 겨울에도 더욱 깊이
뿌리를 내리고 있는
순백의 자작나무가 하는 말 엿듣는다.

황혼 부부

길모퉁이 군내버스 승강장에서
버스가 가볍게 멈추자
쪼글거리는 얼굴들과
보퉁이를 실은 끌차가 내린다.

노동의 세월만큼 뒤뚱대는 보퉁이
허리가 접혀진 할머니가
끼륵끼륵 거친 소리를 내며
앞장서서 끌차를 밀고 간다.

몇 발걸음 뒤에 또 하나의 밀차가
보퉁이를 싣고 실룩실룩 따라온다.
바람이 두 노인의
부석부석한 머릿결을
부드럽게 어루만지고 지나간다.

꽃잎이 누워있다

추모공원 칸나동 9열 54번
한 평도 채 안 되는 작은 집
봉긋한 머리 위
쑥부쟁이 하얀 꽃들 환하게 반긴다.

누구도 등 떠밀지 않았는데
지상에서의 짧은 소풍
바쁘게 마무리하고 떠난 그녀.

바람에 실려온 조팝꽃 향기가
그녀의 살 냄새처럼 살갑다.

푸른 하늘의 먹구름 몇 점
급하게 햇살을 가리며
서둘러 돌아가라 한다.

기어코 휘몰아치는 비바람에
몸살을 앓는 쑥부쟁이꽃들, 조팝꽃들
여기저기 흩어지며 몸 눕힌다.

접목

손과 손이 맞닿은 곳
한쪽은 뿌리를 잘라내고
다른 한쪽은 대궁을 잘라내어
두 상처가 맞닿은 곳,

예리한 칼날이 지나간 곳에
각기 다른 살점이 옮겨와
서로의 눈이 된다.

더듬더듬 아픈 생을
서로 부축이며
각기 다른 색의 꽃을 피우는
접목의 국화꽃

뿌리는 아플지도 모른다.
어디까지가 국화이고
어디까지가 쑥인가.
구별할 수 없는 저 접목
한 뿌리에서 다른 꽃을 피우는
아름다운 두 일생.

제4부
가야산 꽃샘바람

진죽 저수지에서

대숲바람에 꼬리긴 청회색 새들이
일제히 날아오르고
금빛 노을이 저수지 수면 위
부챗살처럼 내려앉는다.

어둠이 내려앉은 정자 위
삼십 촉 백열등이 깜박이고
주인은 먼 길 달려온 길손에게
따뜻한 차를 내준다.

통기타 연주에 맞춰
흘러간 세월을 이끌고 온 가락이
저수지 위에서 물결을 이룬다.

거기 오래된 시간이
목소리를 가라앉히며 출렁인다.

흔들거리는 백열등이 희미해지고
대숲바람이 서둘러 돌아가라고
세차게 등을 떠민다.

여백 넓은 아쉬움
발목을 잡지만 그만 떠나야 한다.

*진축 저수지 : 보령군 오천면 진죽리에 있는 저수지.

짐 벗으라 하네
–개암사에서

언제라도 들어오라고
열려 있는 저 바위 문!

제 몸보다 더 큰 먹이를
끌고 가는 개미처럼
고통과 번뇌를 짊어진 자들에게
들어와 짐 벗으라 하네.

욕심으로 가득 찬 삶
부질없다 애처로운 미소로
고개 흔드시네.

기와불사 하나에 핏줄 연결 고리
다 모아 올려놓고
두 손 모으네.
모은 두 손 사이에
우주가 담겨 있네.

부질없는 허욕 덩어리

모두 놓아버리고
저 바위 문, 열려 있는 제 가슴 안으로
어서 들어오라 하네.

금산사 미륵전에서

임진왜란 때 몰아친 왜병의 화마(火魔)는
삭아빠진 지붕을 무서운 기세로 앗아갔지만
석공의 몸과 바꿔 다듬은 연꽃 주춧돌 어쩌지 못해
3층 허공의 미륵님에게 돌려드렸는가.

무엇이 되고 싶다는 생각 놓아버리고
내가 누군지조차 놓아버리고
용서할 수 있는 현실조차 없는 삶
간절한 소원을 담아 건 미륵전 등들을 본다.

염불 중인 스님 뒤로 제 몸을 감추고
두 손 합장해 가늘게 흔들리는 촛불처럼
한 가닥 바람에도 마구 흔들리는 중생들
미륵전에 모여 북적거리며 기도한다.

제 갈 길 바쁜 사람들 지나가는 길에
한 조금 쉬어가라고 노란 창포꽃들
무더기로 피어 있는 모악산 자락 저쪽
황금 노을 가득 펼쳐지는 것을 바라본다.

영국사 가는 길

기암절벽과 송림이 어우러진
천태산 계곡 따라
숲이 이끄는 대로 걷다가는
층층이 겹을 이룬 삼신할매 바위 앞
쌓여 있는 작은 돌탑 위
마음 하나 얹어 놓네

선녀가 펼쳐 놓은
치마폭 같은 삼단 폭포 앞에서
힘들다는 생각 놓아버리고는
쭈그리고 앉아 초록빛으로 물든
폭포수에 흠뻑 젖어보네

영국사 입구 천년 세월을 지켜온
은행나무 느린 숨결에 끌려
거기 간절한 소원 하나 달아놓고
해 닮은 얼굴로 환하게 웃네

좀벌레

장롱 깊이 넣어두었던
견실로 짠 원피스를 꺼내보니
군데군데 구멍이 나 있다.

나날의 어둠 속에서도
부지런히 살아가고 있는
좀벌레의 흔적이다.

내게도 어둠이 있다.
나도 시간을 갉아먹는
좀벌레다. 이른 새벽부터
쉬지 않고 움직인다.
초침처럼 째깍거린다.

피아노 학원에서 아이들과
온종일 시간을 보내고
저녁 늦게야 식탁에 앉아
도란도란 오래된 꽃말 같은
얘기들을 주고받는다.

흐르는 시간과 더불어
어둠이 점점 깊어간다.
오늘도 나는 또 다시
시간을 갉아먹는 좀벌레가 된다.

외로운 등

한밤중 잠이 깨어 뒤척이다가
낯설고 외로운 등을 보았다.
새우처럼 웅크린
조그맣고 딱딱한 등을.

한때는 꿈 많은 소년이었고
꼿꼿한 등을 가진 군인이었다.
이제는 세월의 무게에 짓눌려
웅크린 채 잠들어 있었다.

거친 세월을 이기지 못하고
휘어진 등에 허무의 집을 짓고
캄캄한 벽의 친구가 되어 있었다.

허전하고 쓸쓸해 보이는 등
오늘 밤은 더욱 안쓰러워 보여
다독다독 이불자락 덮어주었다.

어머니

-억새밭에서

깊은 침묵의 배낭을 메고
풀뿌리를 부여잡고는
산길을 휘저으시던 당신.
가지 많은 나무에 걸려 있는
졸망졸망한 소망을 가슴에 품고
등이 휘는 줄도 모르고
오르기만 하시던 당신.
바람 부는 언덕 위에
은빛 꽃잎 제 길 잘 가라, 떠나보내는
억새밭 한가운데 서서
속으로만 웅웅거리는
억새의 울음소리를 듣습니다.
억새의 새순같이 하얀
당신의 슬픈 운명을 듣습니다.

가야산 꽃샘바람

엊그제 촉촉한 봄비가 내리더니 꽃샘바람이 훈풍의 꼬리를 베어내며 봄 뜰 가득 차가운 입술을 내민다.

겨우내 닫혀 있던 눈과 마음, 봄보리 푸른 빛 담아주려고 오르는 가야산 길

뒤따라오는 바람의 손길 따가울수록 봉우리 향해 오르는 눈과 마음 따뜻해진다.

아직 깨어나지 않은 아침을 향해 자꾸만 울려대는, 쉬지 않고 쪼아대는 딱따구리 딱따구르 우는 소리 환하다.

한자리에 머물지 말고 하늘 향해 발돋움해야 한다며 나무들, 잠의 뿌리 흔들고 있다.

얼마만큼 비워내야 멈추려나. 푸른 잎으로 덮인 썩은 뿌리를 도려내라는 남연군의 목소리 같은 찬바람이 내 안의 묵은 것들 거듭거듭 비운다.

새봄이 들어설 자리 만든다며 한 구비 넘으면 더 높은 턱 내밀어 산 아래로 밀어내는 가야산 자락, 몰아치는 꽃샘바람이 살갑다.

가루실 저수지에서

폭염에 지치지 말라며
연꽃 향기 곤혹스럽게
쏟아내는 늦여름 가루실 저수지
낚싯줄을 드리운 한 남자
쉽게 일어설 줄 모른다.

검지처럼 어린것들은
집으로 돌려보내고
한 뼘이 넘는 실한 놈들은
대나무 바구니에 담는다.

풀어주고 또 잡아채는 동안
낚싯줄에 걸려
온몸을 바둥대는 물고기들.

한 남자의 휘청거리는 낚싯대 뒤
명부전에 앉아 있는 십대왕들
찰나의 시간을 타고
극락과 지옥을 가른다.

덤으로 던져진 시간을 축내고
신세진 이웃들에게
저녁 붕어찜을 나눠주려는
손맛이 짜릿한 저물녘
남자는 누군가의 저울대에
자신도 올려져 있는 줄 모른다.

깊이를 모르는 수렁에
던져진 것도 모른 채
물고기들의 울음 한 번 듣지 못하고
사내는 저린 손맛을 본다.

바구니에 담겨진 물고기들
극락왕생하라고
물가 개구리들 반야심경을 읊고 있다

*명부전 : 지장보살이 관장하는 곳으로 지옥 중생을 제도하는 곳.
*십대왕 : 이승에서의 모든 삶을 심판하여 지옥과 극락으로 보내주는 열 명의 왕.

머위나물

탱자나무 울타리 아래
한 무더기 머위가 펼쳐져 있는데
바라보기만 해도
입안에 쌉싸름한 군침이 도는 거여.
입맛을 잃어 고생하는 봄
머위나물을 생각하니
갑자기 식욕이 왕성하게 돌더라고.
커다란 비닐봉지 하나 들고
장갑도 끼지 않은 채
허둥허둥 머위를 뜯었지
쪼그리고 앉아
정신없이 머위를 뜯다가
굽혔던 허리 펴니 온몸에서
우드득 관절에서 힘겨운 신음 소리가 나고
손톱 밑은 까매지고
그을린 얼굴은 화끈거리는 거여.
그래도 바구니에
가득 담긴 나물을 보니
둥그런 밥상에 봄 햇살이 내려와
환하게 웃고 있는 거여.

내게도 이런 사람이 있으면 좋겠다

냉기만 감도는 내 침묵의 방에
언제나 훈훈한 군불을 지펴주는 사람이

밤이 되면 초롱초롱 빛나는
하늘의 별들을 가득 따와
내 앞자락에
아낌없이 쏟아주는 사람이.

기계처럼 내돌리던 지친 내 육신
휴식을 취하고 싶은 시간이면
어김없이 찾아와
함께 휴식을 취하는 사람이.

가슴 가득 피워주는 따듯한 군불에
눈도 귀도 코도 생각도 멀게 하는 사람이.

간이역 등불

입동 너머 찬바람 스쳐 지나갈 때마다
흔들리는 간이역 등불
어두운 철길 비추는 것이 아니다.
멀리 서울로 통하는 언덕길 비추어준다.

램프가 흔들릴 때마다 밝아지는 별빛 속
힘겹게 바이올린을 잡은 아이의 손이 보이고
산번지의 빙판길이 보여
어머니의 몸은 자꾸 철길 쪽으로 기운다.

비바람 불고 눈보라가 몰아쳐도
꺼지지 않는 등불 속에는
어느 한곳에 머물지 말고
멀리 세계로 통하는 포구에 서야 한다는 어머니
아이들 외지로 등 떠밀어 보내놓고
자신은 거친 갯벌에 내놓은 어머니
검게 그을린 얼굴이 비친다.

먼 길 가는 길손들 흔들리지 않도록
꼬박 밤새워 지킨 뒤

햇살 부시럭거리는 새벽녘에야 잠이 드는
간이역 램프 저 안쪽의 넉넉한 어머니
넓은 바다 출렁거린다.

나는 지금 누구에게 기대어 살고 있는가

산길을 걷다가 물가에서 불어오는 바람 따라
저수지로 내려선다. 60년 만의 가뭄에
밑바닥이 보일 정도로
커다란 입 벌리고 있는 저수지
농부들의 마음만큼 쩌억쩍 갈라진
깊은 주름 바닥이 장식처럼 얽혀 있다.
여기저기 말라버린 말조개들
백로가 저수지 주변을 빙빙 돌며 먹이를 쫓는다.
가쁜 숨소리 들려오는 듯하여
도망치듯 빠져나온 발걸음은
한걸음에 숲을 향한다. 푸르른 숲속
질긴 칡넝쿨로 목이 조인 소나무
담쟁이에게 점령당한 물푸레나무
하늘을 향해 끝없이 오르고 있는 담쟁이
혼자서는 설 수 없는 공존의 방식
기어이 누군가를 밟고 올라가야 하는
사회의 속성이 숲에서도 이루어지고 있다.

나는 지금 누구에게 기대어 살고 있는가.

잘못 들어선 길을 가며

약속 시간보다 조금 일찍 도착한 용산역, 느긋한 마음으로 청량리 행 지하철을 타고 막 한 정거장을 지날 때다.

역행으로 가고 있다는 것을 깨닫는다. 몇 개의 역을 보내다 보니 울울한 객실, 자전거 라운딩하는 사람들로 활기차게 술렁인다.

약속 시간에 늦기라도 할까 심장은 세차게 펌프질하지만 쓴웃음으로 마음을 다독인다.

잘못된 길을 가도 목적지까지 도달할 수 있다는 것을 안다, 시간이 조금 더 필요하기는 하지만.

가끔씩 느리게 바라보면 삶에서는 빈 곳이 보이기도 한다. 더러는 실수하지 않기 위해 주위를 더 살필 수 있다는 것도 안다.

오늘은 잘못 들어선 길에서 스치는 사람들의 표정을 읽으며 날선 마음을 내려놓는다.

내비게이션

1.

겨울 햇살이 따스한 오후
초행인 당진의 실버하우스 양로원에
위문 공연을 가려고
내비게이션, 그녀에게 길 안내를 맡긴다.
몇 킬로미터도 못 가
보수공사 중인 길에서
갑자기 당황한 그녀의 높아진 목소리라니.
경로이탈, 좌회전, 우회전, 유턴
끝없이 이어지는 잔소리….
아코디언을 처음 만지는 어린아이가
제각기 다른 음을 찾아내듯
그녀는 이리저리 덤벙거린다.
그러다가 다시 친절한 선생님의 지시대로
바른길로 돌아와
연주하는 어린아이처럼
거듭되는 그녀의 재탐색 길을 나는 쫓는다.
이슥고 늦지 않은 시간에
하얀 망초꽃 해맑은 미소를 뿜어내는
실버하우스에 도착한다.

2

아코디언 연주법을 배우겠다고
찾아온 그 남자에게
내비게이션 그녀가
기초를 잘 익혀야 좋은 소리를 낼 수 있다고
말을 건넨다. 말 잘 듣는
온순한 소년이 되어 따라하더니
하늘이 몇 번 바뀌고
자신 있게 연습해 온
'돌아가는 삼각지' 에서
방지 턱을 넘지 못하고
자꾸 덜컥거리며 되풀이하는 경로 이탈
재탐색, 유턴 등 반복되는 지시를 듣고도
완강한 고집쟁이가 되어
남자는 경로 이탈을 하고 만다.
낯선 길에서 몇 개월을 헤매다가
재탐색된 길로 돌아와
오늘은 삼각지 로터리 방지 턱을
부드럽게 넘고 있다.

한 알의 약에 삼켜진

호주 뉴질랜드 여행길에 만난
가이드의 짧고 달콤한 혀
얼마나 귓바퀴를 은밀하게 파고드는지
주저할 사이 없이 은행 카드를 꺼내게 한다

혈관을 청정지역 1급수처럼 걸러준다는 약은
남편과 함께 먹어야 해서 기백만 원
만병을 거뜬히 누르고도 남을
면연력을 지니고 있다는 프로폴리스
온 가족이 먹을 분량으로 백여만 원
일기 예보를 잘 맞추는 관절
시원하게 풀어준다는 푸른 홍합 성분의 약까지
망설임 없이 구입 품목에 넣는다

깔때기의 꼭짓점처럼 좁아진
혈관 훤하게 뚫어주고
면역 세포들 활기를 되찾아 준다는 말에
쏟아부은 은행 카드 속 숫자들이라니
준비해간 현금 지갑까지 활짝 열어놓은 걸
아무도 모른다

여행에서 돌아와 펼친 가방
아무리 뒤져도
시드니 야외 음악당 맑은 연주 소리
들리지 않고
뉴질랜드 초원을 뛰노는 양들
한 마리도 보이지 않는다

흑인 가수의 입술처럼 튀어나온
카드 청구서
1년을 내리 갚았는데도 그대로 남아있다
야금야금 작은 병을 잡아가던 약
끝내 사람을 통째로 집어삼킨다

비타민 여자

아침마다 새떼처럼 모여드는 헬스 클럽
거기 한 잔의 커피같이
아침의 창을 열던 여자,
미리 준비해온 뉴스와 익살스런 유머로
주변 사람들
박장대소하게 만들던 비타민 여자,
악성은 아니니 급할 것 없다고 했지.
그러던 그가 정밀검사 후에는
포도송이처럼 주렁주렁 매달린 암 열매
더 이상 그냥 남겨둘 수 없다며
커다란 두 눈망울 가득
눈물 머금은 채 힘이 없었지.
가끔씩 배가 아프다고 하더니
그 무거운 암 열매들 흔들린 탓이었을까.
이제는 신분 상승을 할 때라며
평민의 무수리에서 빈궁 마마가 되는 것이라며
자주자주 우리를 위로하던
언제나 솔직하고 당당하던 여자
수위 사람늘 온통 놀라게 하더니
지금은 아무 일도 없었다는 듯 헬스클럽으로 돌아와
우리 모두의 박수를 받고 있다.

■해설

다양한 소재, 주관적 상념과 객관적 대상

이 은 봉
(시인, 문학평론가)

이영희의 시집 『몽산포 파시』는 매우 다양한 소재들을 포괄하고 있다. 여기서 말하는 다양한 소재는 다양한 제재, 다양한 대상을 말하거니와, 그의 이 시집에서 이는 매우 폭넓은 변주를 보여주고 있다. 주관과 객관을 오가며 때로는 조화를 이루기도 하고, 때로는 길항을 하기도 하며 온갖 형태로 몸을 바꾸고 있는 것이 이 시집에서의 그것이다. 그렇다고는 하더라도 그의 시 역시 주관의 시, 객관의 시, 주객 착종의 시로 대별되는 것은 사실이다. 주관의 시는 주체 중심의 시, 곧 화자 중심의 시를 가리키고, 객관의 시는 객체 중심의 시, 곧 대상 중심의 시를 가리킨다. 주객 착종의 시는 당연히 주체와 객체(대상)가 공존하는 시를 가리킨다. 이들 가운데 먼저 확인할 수 있는 것은 주체의 체험과,

그에 따른 상념을 동시적으로 진술하고 있는 시이다.

이와 관련해 먼저 떠오르는 것은 이 시집의 그의 시 역시 나날의 삶에서 비롯되고 있다는 점이다. 그 자신이 겪는 수많은 사람살이의 경험이 시라는 형상물 안에 수용되어 심미적으로 가공되고 있는 그의 시라는 것이다. 그렇다. 풍경의 선택은 세계관의 선택이라고 하거니와, 그의 시 역시 기본적으로는 주관적인 체험 혹은 객관적인 대상의 형태로 드러나는 시적 풍경을 통해 저 자신의 세계관을 드러내고 있다.

일단은 화자인 시인의 주관적인 체험과, 그에 따른 상념이 진술되어 있는 시부터 살펴보기로 하자. 「오십세주를 마시며」, 「아욱죽을 끓이며」, 「안부를 묻는다」, 「좀벌레」 등의 시가 일상이 만드는 체험이 비교적 잘 드러나 있는 예이다.

다시마와 멸치, 표고버섯을 넣고 끓이다가
된장을 넣고 끓인다. 불린 쌀과
아욱도 넣고 대파도 송송 썰어 넣고 끓인다.
알싸한 아욱죽 냄새, 어릴 적 밥상을 떠올린다.
김이 모락모락 오르는 커다란 양푼 옆에
언니 오빠들 모여 아욱죽을 먹기도 전에
옹기종기 함박웃음을 터뜨리던 그날을 떠올린다.
노란 양푼 가득 하던 아욱죽을
밑바닥이 보일 때까지 더 많이 먹으려고
서두르던 손길이 보인다. 슬며시
가슴으로 밀고 들어오는 어머니의 구슬 맺힌 얼굴

몇 달 전 세상을 떠난 오빠의 얼굴이 보인다.
중환자 병실에서 물 한 모금조차 넘기지 못하고
물수건만 빨고 있던 오빠 곁에서
아무것도 해주지 못하고 동동거리던 마음이
그렇게 끝난 마지막 이별이라니
오빠의 장례식 날, 외로움인지 서글픔이인지
먹고 먹어도 채워지지 않는 허기로
더 큰 슬픔 밀려오던 기억으로
서둘러 이승을 떠난 오빠를 생각하며
눈물의 아욱죽을 끓인다.

–「아욱죽을 끓이며」 전문

이 시에는 생활 체험의 하나인 '아욱죽을 끓이'는 행위가 아주 잘 서술되어 있다. 화자인 시인이 저 자신이 일상에서 겪는 아욱죽을 끓이는 과정이 섬세하게 기술되어 있는 것이 이 시이다. '다시마와 멸치, 표고버섯을 넣고 끓이다가/ 된장을 넣고' '불린 쌀과/ 아욱도 넣고 대파도 송송 썰어 넣고' 아욱죽을 끓이는 과정 말이다. 이때의 '아욱죽 냄새'는 이내 그로 하여금 '어릴 적 밥상을 떠올'리게 한다. '김이 모락모락 오르는 커다란 양푼 옆에/ 언니 오빠들 모여 아욱죽을 먹기도 전에/ 옹기종기 함박웃음을 터뜨리던 그날을 떠올'리게 한다는 것이다. 떠올리게 한다는 것은 회상하게 한다는 것이거니와, 급기야 그는 '몇 달 전 세상을 떠난 오빠'까지 회상하게 된다. '병실에서 물 한 모금조차 넘기지 못하' 던 오빠를 떠올리면 '아무것도 해주지 못하고 동동거리던 마음이' 며 '먹고 먹어도 채워지지 않는 허기' 까지 회상되어 '눈물의 아욱죽을 끓' 이게 한다.

그의 이 시집에 이 시처럼 생활 체험에 기초한 상념이 기술되어 있는 시만 수록되어 있는 것은 아니다. 생활 체험과는 무관한 채 화자인 시인의 인지 영역에 떠오르는 비현실인 이미지를 환상적으로 기술하고 있는 시도 담고 있는 것이 이 시집이다. 그의 시의 '새털구름 발아래 두고/ 하늘을 가르고 있다', '더 높이 비상하기 위해/ 지금은 구름 위를 날고 있다' (「비상을 꿈꾸며」) 등의 구절이 그 예이다.

그렇기는 하더라도 「아욱죽을 끓이며」에서처럼 생활 체험에 주관적인 상념을 섞어 기술하고 있는 것이 그의 시의 한 경향이기는 하다. 물론 그가 겪는 생활체험이 위의 시에서처럼 주관적 상념의 형태로만 기술되어 있는 것은 아니다. 생활 체험의 기술만이 아니라 여행 체험의 기술을 보여주고 있는 시도 상당하기 때문이다. 그렇다. 여행 체험의 시, 곧 여행 소재의 시는 이 시집을 이루고 있는 중심 경향이라고 해도 과언이 아니다. 심지어는 등산 체험의 시, 낚시 체험의 시, 사찰 체험의 시로 나누어 살펴볼 수도 있는 것이 그의 여행 체험의 시이다. 등산 체험의 시로는 「야간 산행」, 「남망산의 봄」, 「산에 오르다-영광 규수산에 오르다」 등을, 낚시 체험의 시로는 「가곡 저수지에서」, 「진죽 저수지에서」, 「가루실 저수지에서」 등을, 사찰 체험의 시로는 「꽃잎들을 보며-망해사에서」, 「짐 벗으라고 하네-개암사에서」, 「금산사 미륵전에서」, 「영국사 가는 길」 등을 예로 들 수 있다. 그의 이 시집은 이처럼 등산 체험, 낚시 체험, 사찰 기행 등 여행 체험의 시를 다수 포괄하고 있어 눈길을 끈다.

> 누구도 침범할 수 없는 공간 속
> 돌부리에 채이고
> 나뭇가지에 걸려 쓰러질 듯해도
> 멈출 수 없는 산길을 오른다.
>
> 황조롱이의 조잘거림이 잠든 지 오래
> 고요한 적막도 무거운 한 짐이지만
> 등에 매달려 있는 배낭,
> 전혀 무게를 느끼지 못한다.
>
> 한밤의 산행은 나 자신 속에 갇혀 있는
> 도심 속의 기억들을 걸러내는 일.
> 작은 랜턴에서 쏟아져 나오는 빛을 따라
> 흐린 초승달과 함께 무거운 침묵을 걷는다.
>
> 빠른 호흡과 잦은 기침 소리에 놀라
> 바스락대는 숲속의 소란이
> 나를 더욱 긴장하게 한다.

야간 산행 끝, 산장에서 나누어주는
얇은 모포 한 장, 바닥의 냉기 막지 못하고
산장까지 따라온 지난날들이
차가운 몸 더욱 떨게 한다.

밤 내 언 몸을 뒤척이며
작은 창틈으로 스며든
초롱한 별들의 자장가를 들으며
나머지 여정을 잠재운다.

–「야간 산행」 전문

이 시는 '야간 산행'의 체험을 다루고 있다. 이 시에는 화자인 시인이 처해 있는 '누구도 침범할 수 없는 공간'이라는 객관적인 상황부터 제시된다. 그러한 다음 예의 객관적인 상황에 대한 주관적인 반응인 '돌부리에 채이고/ 나뭇가지에 걸려 쓰러질 듯해도/ 멈출 수 없는 산길을 오른다'라는 구절이 기술된다. 객관적인 상황을 먼저 기술하고, 그에 대한 주관적인 반응을 기술하는 방식으로 드러나 있는 것이 이 시인 셈이다. 그러한 기술방식으로 통해 객관적인 사실과 주관적인 정서가 하나로 통전되고 있는 것이 이 시이다. 물심일여(物心一如), 객주일체(客主一切)의 기술과정을 통해 야간 산행의 체험을 심미적으로 기술하고 있는 것이 이 시라고 할 수 있다.

바로 그러한 점에서 이 시는 독자에게 야간 산행의

독특한 재미를 추체험하게 한다. '돌부리에 채이고/ 나뭇가지에 걸려 쓰러질 듯해도/ 멈출 수 없는 산길을 오' 르는 재미 말이다. 이 시에서 그는 지금 '등에 매달려 있는 배낭,/ 전혀 무게를 느끼지 못' 하며 한밤중의 등산에 빠져 있다. 그러면서 그는 '한밤의 산행은 나 자신 속에 갇혀 있는/ 도심 속의 기억들을 걸러내는 일' 이라고 자신에게 다짐한다. '랜턴에서 쏟아져 나오는 빛을 따라/ 흐린 초승달과 함께 무거운 침묵을 걷는' 시인의 모습이 잘 그려져 있는 시이다. 마침내 그는 '얇은 모포 한 장' 을 덮고 '산장까지 따라온 지난날들' 을 떠올리며 '차가운 몸' 을 뒤척이고 있다. 그렇게 '나머지 여정을 잠재' 우고 있는 것이다.

자신이 체험하는 외면과 내면에 대한 심미적 가술을 보여주는 것이 그의 여행 시에만 그쳐 있는 것은 아니다. 산행 체험이나 낚시 체험, 사찰 체험 등 기행의 시 이외에도 그의 시 중에는 독특한 소재를 다루고 있는 시가 발견된다. 공연이나 연주, 음악이나 악기를 소재로 하고 있는 시들이 바로 그것이다. 이들을 소재로 하고 있는 시 역시 그가 체험하는 외면과 내면에 대한 심미적 기술을 바탕으로 한다. 이들 소재의 시, 곧 공연이나 연주, 음악이나 악기와 관련된 소재를 다루고 있는 그의 시로는 「한여름 밤의 콘서트」, 「들깨를 털며」, 「내 뜰은 비어 있다」, 「어느 아버지의 꿈」, 「아름다운 주름살」, 「연분홍 꿈-칠순의 소녀」, 「백 사람의 아코디언 연주」, 「내 귀에 들리네」, 「또 다른 꿈을 꾸다」, 「산마을 음악학원」, 「가야산 꽃샘바람」, 「가루실 저수지에서」, 「나는 지금 누구에 기대어 살고 있나」, 「잘못된 길을 가며」, 「한 알의 약에 삼켜진」 등을 예로 들 수 있다.

희뿌연 새벽을 뒷발로 박차며
미명의 아침이 밝아온다.
지난 밤 내내 꿈으로 뒤숭숭하던
온갖 꼬리들 떼어놓기 위해
집을 나와 빠르게 달리기 시작한다.

따스한 햇살 따라
내 뜰로 쏟아져 들어오는 아이들의
고사리 같은 손등에는
아이스크림이 녹아 만든 얼룩 그림이 있고
귀까지 찢어지는 입가에는
녀석들 함박웃음이 걸려 있다.

브람스와 모차르트의 높고 낮은 선율들
너무 아름다워 귀 멀게 한다.
아이들의 된소리, 여린 소리
시소 타고, 파도 타고, 줄넘기하다가
뎅, 뎅 시계추 소리에 놀라 달아나버린다.

또 다시 침묵하는 내 뜰에는
나만 남겨두고 달아난 아이들

숨결과 그림자 가득 남아 있다
그것들 그리워하며 고즈넉한 시간 보낸다.

–「내 뜰은 비어 있다」 전문

이 시는 그의 하루가 어떻게 이루어지는가를 알 수 있게 해주어 상대적으로 주목이 된다. 이 시 역시 첫 행에서는 '희뿌연 새벽을 뒷발로 박차며/ 미명의 아침이 밝아온다' 는 객관적인 상황부터 제시된다. 그러한 다음에는 예의 객관적인 상황에 대한 그의 정서적인 반응이 덧붙여진다. 이때의 정서적인 반응은 물론 '지난 밤 내내 꿈으로 뒤숭숭하던/ 온갖 꼬리들 떼어놓기 위해/ 집을 나와 빠르게 달리기 시작한다' 는 구절을 가리킨다. 이 구절에 이르러 그의 자아가 명확히 개입을 한다는 것이다.

2연에도 객관적인 상황이 투사되어 있어 그가 처해 있는 형편을 짐작케 해준다. 이로 미루어 보면 이 시에서 화자인 시인은 유치원을 경영하거나 피아노 학원 등을 경영하지 않는가 싶다. '내 뜰로 쏟아져 들어오는 아이들의/ 고사리 같은 손등에는/ 아이스크림이 녹아 만든 얼룩 그림이 있고' 등의 구절이 이를 증명해준다.

이어지는 구절에서 그는 예의 객관적인 상황으로 '브람스와 모차르트의 높고 낮은 선율들' 을 제시한 뒤 그에 대한 정서적인 반응을 덧붙인다. '너무 아름다워 귀 멀게 한다' 는 구절이 다름 아닌 그것이다. 이들 구절이야말로 이 시도 공연이나 연주, 음악이나 악기 소재로부터 비롯되었음을 알 수 있게 해준다. 이로 미루어보면 3연 역시 주관적인 자아보다는 객관적인 대상을 중심으로 기술되어 있음을 짐작할 수 있다. 따라서 이 시의 마지막 연이 주관적인 자아 중심으로 기술되는 것은 당연하다. '또 다시 침묵하는 내 뜰' 이라는 표현 자체가 주관적인 수식으로 이루어졌거니와, 그에 따른 정서적 반응, '나만 남겨두고 달아난 아이들' 등의 기술이 바로 그것이다. 특히 마지막 행인 '그것들 그리워하며 고즈넉한 시간 보낸다' 는 구절은 주관적인 감정이 듬뿍 드러나 있는 구절이 아닐 수 없다.

이처럼 객관 대상과 주관 대상의 교차 진술을 통해 기술되고 있는 것이 그의 시이다. 그의 시에 이러한 기술 방식이 상대적으로 진지한 분위기를 주는 것은 분명하다. 그렇다고는 하더라도 그의 시의 기술 방식이 이처럼 객관적인 상황에 대한 정서적 반응만으로 이루어지는 것은 아니다. 그의 시 중에는 일종의 소서사(小敍事)를 대상으로 받아들여 그것을 심미적 언어로 가공해내고 있는 예도 상당하기 때문이다. 이들 시의 경우에도 그의 정서가 예의 소서사에 자못 개입하고 있기는 하지만 말이다.

어린 시절 아코디언을 연주하는
동동구르므 장수를 보며

꿈을 꾼 할아버지
얼굴 마주할 때마다
아코디언의 주름을 생각해요,
할아버지의 표정 따라 움직이던
아코디언의 주름을

성급한 들숨과 날숨에
지나온 추억이 배어나오는 소리
애절하고, 씩씩하기도 해
할아버지는 무던히도 애간장을 태웠다지요.

마음은 타향살이, 찔레꽃이
붉게 피어 날 것 같은데
흔들리는 주름 속에 펼쳐지는 소리
힘겨운 숨처럼 허덕거렸다지요.

할아버지의 고운 주름살을 볼 때마다
힘겨운 시간을 보낸 뒤에
아름다운 주름에서 흘러나오는
아코디언의 진하고 애절한 소리를 생각해요.

–「아름다운 주름살」 전문

이 시는 '어린 시절 아코디언을 연주하는/ 동동구르므 장수를 보며' 아코디언 연주자의 '꿈을 꾼 할아버지'를 중심 대상으로 하고 있다. 물론 할아버지라는 인물 형상보다는 할아버지와 관련된 소서사가 이 시의 중심 대상이기는 하다. 할아버지와 관련된 소서사가

이 시의 중심 대상이라고 하더라도 이 시가 할아버지와 관련된 소서사 자체만 기술하고 있는 것은 아니다. 이 시에서도 마지막 연에 이르면 화자인 시인의 정서적 반응이 드러나 있기 때문이다. '할아버지의 고운 주름살을 볼 때마다/ 힘겨운 시간을 보낸 뒤에/ 아름다운 주름에서 흘러나오는/ 아코디언의 진하고 애절한 소리를 생각해요' 와 같은 구절이 그 예이다. 이들 구절에도 그의 정서적 반응이 드러나 있다는 것이다.

그렇다고는 하더라도 이 시가 자연의 사물을 소재로 받아들이고 있는 것은 아니다. 넓은 의미로 보면 이 시 또한 사람살이의 이모저모를 소재로 하고 있다는 것이다. 따라서 공연이나 연주, 음악이나 악기와 관련된 소재를 다루고 있기는 하지만 이 시 역시 기본적으로는 사람과 함께하는 시라고 하지 않을 수 없다. 이 시 또한 여타의 그의 시 「한 노인이 걷고 있다」, 「새로운 여인」, 「어릿광대」, 「사과꽃 향기」, 「입관」, 「황혼 부부」, 「내게도 이런 사람이 있었으면 좋겠다」, 「외로운 등」, 「어머니」, 「간이역 등불」, 「비타민 여자」 등처럼 인물 형상에 기초한 시라는 것이다. 그렇다. 위에서도 예로 든 것처럼 그의 이 시집에는 이른바 인물 형상의 시도 매우 중요한 영역을 차지하고 있다.

한밤중 잠이 깨이 뒤척이다가
낯설고 외로운 등을 보았다.

새우처럼 웅크린
조그맣고 딱딱한 등을.

한때는 꿈 많은 소년이었고
꼿꼿한 등을 가진 군인이었다.
이제는 세월의 무게에 짓눌려
웅크린 채 잠들어 있었다.

거친 세월을 이기지 못하고
휘어진 등에 허무의 집을 짓고
캄캄한 벽의 친구가 되어 있었다.

허전하고 쓸쓸해 보이는 등
오늘 밤은 더욱 안쓰러워 보여
다독다독 이불자락 덮어주었다.

–「외로운 등」 전문

이 시에는 시인의 남편이 객관대상으로 등장하고 있다. 화자인 시인은 우선 이 시에서 자신의 남편과 관련해 '한밤중 잠이 깨어 뒤척이다가/ 낯설고 외로운 등을 보았다' 라고 기술한다. 이어지는 구절에서 그는 예의 '낯설고 외로운 등' 을 '새우처럼 웅크린/ 조그맣고 딱딱한 등' 이라고 부연한다. 이미 감정이 개입되고 있는 이 구절에 이르러 그의 남편은 자못 안쓰러운 존재로 전이된다. 예의 주관의 개입은 2연의 '이제는 세월의 무게에 짓눌려/ 웅크린 채 잠들어 있었다' 와 같은 구절에 이르러 좀더 심화된다. 나아가 그의 남편은 '거친 세월을 이기지 못하고/ 휘어진 등에 허무의 집을 짓고/ 캄캄한 벽의 친구가' 될 정도이다. 이러한 감정의 진전으로 볼 때 그가 자신의 남편과 관련해 '오늘 밤은 더욱 안쓰러워 보여/ 다독다독 이불자락 덮어주었다' 라고 표현하는 것은 당연하다. 남편의 '낯설고 외로운 등'과 관련해 매우 진한 연민을 보여주고 있는 것이 이 시이다.

이 시는 그의 감정이 지나치게 개입되어 있어 얼마간 쑥스럽게 느껴지는 면도 없지 않다. 그렇다고는 하더라도 일단 시의 대상으로 선택되면 그 자체로 감정이 선택되고, 세계관이 선택된다는 점을 잊어서는 안 된다. 그러니 만큼 시에 수용되는 화자의 감정, 곧 시인의 감정을 절제하는 것만큼 중요한 것은 없다. 화자인 시인의 감정은 저 자신과 가까이 존재하는 것과 관련해 절제하기가 힘든 법이다. 좀더 가까운 사이끼리 시기와 질투를 주고받기 마련이고, 상처와 고통을 주고받기 마련이 아닌가. 「어머니-억새밭에서」와 같은 시보다 「햇마늘 몇 통」이나 「황혼 부부」 같은 시에 그의 감정이 좀더 절제되어 있는 것도 이와 무관하지 않다.

허리 통증으로 밤을 낮같이 밝힌
혼자 사는 외나리 이씨 댁 종부

7월 땡볕 등에 지고 길 나선다.

새우등처럼 굽어 있는 허리 위
개망초 꽃향기 가득 얹고
물푸레 지팡이 하나에 매달려 걷는다.

객지로 떠난 자식들 그리운 손
따스하게 잡아주는 먼 길 시골 보건진료소
정 많은 젊은 여의사에게
고마운 마음도 함께 싸가지고 간다.

한 손 안에 꼭 쥘 수 있을 만큼
비닐봉지에 담은 햇마늘 몇 통
마음을 가득 담은 값이 얼마나 될까.

-「햇마늘 몇 통」 전문

이 시의 1, 2연은 3, 4연에 비해 그의 감정이 훨씬 더 절제되어 있다. '혼자 사는 외나리 이씨 댁 종부'가 처한 객관적인 상황이 강조되어 있는 것이 이 시의 1, 2연이다. '7월 땡볕 등에 지고 길 나선' '외나리 이씨 댁 종부'의 겉모습, 곧 '새우등처럼 굽어 있는 허리 위/ 개망초 꽃향기 가득 얹고/ 물푸레 지팡이 하나에 매달려 걷는' 그의 겉모습을 드러내는 데 초점이 있는 것이 이 시의 1, 2연이다. 하지만 3, 4연에 이르면 그의 감정이 좀더 적극적으로 드러나 있음을 바로 알 수 있다. '시골 보건진료소/ 정 많은 젊은 여의사에게/ 고마운 마음도 함께 싸가지고' 가는 것이 '외나리 이씨 댁 종부'이기 때문이다. 이 구절에 이르면 '외나리 이씨 댁 종부'의 면면이 시인인 화자의 감정에 의해 거듭 노출되어 있음을 알 수 있다. 게다가 4연의 '비닐봉지에 담은 햇마늘 몇 통/ 마음을 가득 담은 값이 얼마나 될까'와 같은 구절은 그 자체로 화자인 시인의 상념이 드러나 있는 예라고 하지 않을 수 없다. 이 시 「햇마늘 몇 통」은 이처럼 전경후정의 원칙이 적용되는 예라고 할 수 있다.

풍경의 선택이 세계관의 선택이니만큼 시에 수용된 장면이나 소서사로부터 화자인 시인의 의식을 찾기는 별로 어렵지 않다. 아무리 사물 그 자체, 물물 그 자체를 있는 그대로 드러낸다고 하더라도 어딘가에는 그의 의식이 묻어나기 마련이다. 물심일여(物心一如), 객주일치(客主一致)라고 하거니와, 물질과 정신은 늘 상호 침투하는 법이다.

> 길모퉁이 군내버스 승강장에서
> 버스가 가볍게 멈추자
> 쪼글거리는 얼굴들과
> 보퉁이를 실은 끌차가 내린다.
>
> 노동의 세월만큼 뒤뚱대는 보퉁이
> 허리가 접혀진 할머니가
> 끼륵끼륵 거친 소리를 내며

앞장 서 끌차를 밀고 간다.

몇 발걸음 뒤에 또 하나의 밀차가
보퉁이를 싣고 실룩실룩 따라온다.
바람이 두 노인의
부석부석한 머릿결을
부드럽게 어루만지고 지나간다.

–「황혼 부부」 전문

모두 3연으로 이루어져 있는 이 시는 화자인 시인의 감정이 훨씬 더 절제되어 있다. 하지만 이 시에도 그의 감정이 다소 개입되어 있기는 하다. 이 시는 일단 앞의 시 「햇마늘 몇 통」처럼 화자인 시인의 자아가 참여하는 결구를 갖고 있지 않아 주목이 된다. 따라서 겉으로는 투명한 이미지와 이야기를 감정의 개입이 없이 냉정하게 투사하고 있는 것처럼 보이기도 한다. 그렇기는 하더라도 '가볍게', '쪼글거리는', '뒤뚱대는', '끼륵끼륵', '실룩실룩', '부석부석한' 등의 수식어로 미루어 보면 이 시에 그의 감정이 다소간 개입되어 있는 것을 부인하기가 어렵다. 표면적으로는 그의 감정이 상당히 절제되어 있는 것처럼 보이지만 예의 수식어로 미루어보면 그의 감정이 일정하게 개입되어 있는 것을 알 수 있다.

이처럼 객체를 통해 주체를 발견하기도 하고, 주체를 통해 객체를 발견하기도 하는 심미적 언어예술의 형식이 시이다. 객관과 주관, 세계와 자아, 물질과 정신이 하나로 통전되는 과정을 통해 자연과 인간, 사물과 정서가 서로 긴밀하게 소통하는 언어예술 형식이 시라는 것이다. 시를 비롯한 예술 일반이 정신의 산물, 영혼의 산물이라고 하지만 결국은 사물성을 기저로 할 수밖에 없는 것도 이를 통해 알 수 있다.

이러한 점에서 정작 주목해야 할 것은 자연 일반, 사물 일반을 대상으로 하고 있는 그의 시이다. 그렇다. 그의 이 시집에서도 자연 일반, 사물 일반을 대상으로 받아들이고 있는 시는 적잖다. 그의 이 시집 중에는 풀, 나무, 꽃 등 자연 일반을 소재로 받아들이고 있는 것도 상당하다는 것이다. 「낙조(落照)」, 「파도」, 「복수초」, 「석류」, 「달맞이꽃」, 「아지랑이」, 「동백꽃망울」, 「환절기」, 「햇마늘 몇 통」, 「호도」, 「상상화」, 「개망초꽃」, 「목련」, 「그 놈의 옷을 벗기다」, 「자작나무 숲에서」, 「꽃잎이 누워 있다」 등이 그 예이다.

제목에서도 알 수 있듯이 이들 시는 구체적인 사물로부터 발상되고 있다. 그렇기는 하지만 이들 시가 사물 그 자체, 물물 그 자체를 드러내는 데 목표를 두고 있는 것은 아니다. 사물, 곧 물질을 대상으로 하고 있기는 하지만 근본적으로는 그로부터 비롯되는 정신 혹은 자아를 끌어안고 있는 것이 그의 이들 시이다. 이때의 사물, 물물이 객관 대상을 가리키고, 정신, 정서가 주관자아를 가리킨다는 것은 이론의 여지가 없다.

그대는 하얗게
부서지도록 몸부림치는
그리움의 꽃.

할퀴고 벗겨내며
맹수처럼
포악을 떨기도 하는 그대.

지금은 어느 누구도
달랠 수 없는
비련으로 몸부림친다.

그런 뒤에는
제풀에 지쳐
구슬픈 울음 우는 그대.

―「파도」 전문

이 시에는 파도라는 사물이 아예 '그대'라는 사람으로 명명되어 있다. 화자인 시인이 보기에 파도인 '그대는 하얗게/ 부서지도록 몸부림치는/ 그리움의 꽃'인 것이다. 변덕이 심한 파도가 '할퀴고 벗겨내며/ 맹수처럼/ 포악을 떨기도 하는 그대'라는 사람으로 전이되어 있는 것이 이 시이다. '지금은 어느 누구도/ 달랠 수 없는/ 비련으로 몸부림' 치는 '그대'로 말이다. 그가 보기에는 파도가 '비련으로 몸부림'을 친 '뒤에는/ 제

풀에 지쳐/ 구슬픈 울음 우는 그대'라는 인간 존재인 것이다.

사물을 사람으로 받아들이는 것은 시적 발상의 기초이다. 시에서는 사물을 인간으로 받아들이는 것 자체가 물심일여이고, 객주 일체라는 것을 잊어서는 안 된다. 시라는 것이 본래 이처럼 물질과 정신이 하나 되는 세계, 객체와 주체가 하나 되는 세계를 추구하는 심미적인 언어예술 형식이라는 것을 간과해서는 안 된다. 인간이라는 자아가 세계라는 물질과 분리되기 이전의 근원적 공동체를 추구하는 것이 시라는 심미적인 언어예술형식이라는 것이다. '흰 구름 뭉실뭉실/ 피어오르는 것을 보면/ 어느새 피어오르는/ 샛노란 그리움 하나'(「달맞이꽃」)라고 발상하는 것도, '잊어버리자고, 잊어버리자고/ 오솔길 걷던 날,/ 휘몰아치는 옛날 저편/ 아물아물 아지랑이'(「아지랑이」)를 떠올리는 것도 정신과 물질의 화응에 초점이 있다. 화자인 시인이 '두텁고 굵은 주름'을 갖고 있는 호도로부터 '골 이루며 숨어 있는/ 진실한 너의 모습'(「호도」)을, '온몸을 곧추세우고/ 하늘만 바라보는 저 상사화'로부터 '도도하고 오만하기만' 한 사람을, '수줍은 듯 겨우 봉오리 내밀'고 있는 목련에서 '앞뜰에 내려앉으시는 당신'(「목련」)을 떠올리고 있는 것도 마찬가지이다

이영희의 시에는 이처럼 서정시 본연의 근원적 공동체, 즉 자연과 인간이 하나로 존재했던 시원의 세계에

대한 동경이 들어 있다. 따라서 다양한 소재에 대한 그 나름의 주관적 상념을 담아내고 있는 것이 그의 시라고 할 수 있다. 물론 이는 서정시 일반이 지니고 있는 보편적인 특징이기도 하다. 그러나 그의 시는 이들 다양한 소재를 따뜻하고 온전한 목소리로 재해석해내고 있다는 점에서 적잖은 개별성을 갖는다. 그가 자신의 시의 다양한 소재에 끊임없이 인성을 부여해 그것을 활기 있고 생명 있는 존재로 되살려내는 것은 크게 주목을 받아 마땅하다.

몽산포 파시

찍은날 2018년 10월 25일
펴낸날 2018년 11월 1일
지은이 이영희
펴낸이 박몽구
펴낸곳 도서출판 시와문화
주 소 (13955) 경기 안양시 동안구 경수대로883번길 33,
103동 204호(비산동 꿈에그린아파트)
전 화 (031)452-4992
E-mail poetpak@naver.com
등록번호 제2007-000005호 (2007년 2월 13일)

ISBN 978-89-94833-42-2(03810)

정 가 10,000원